joyeux
anniversaire

joyeux
anniversaire

joyeux
anniversaire

joyeux
anniversaire

joyeux
anniversaire

joyeux
anniversaire

joyeux anniversaire

joyeux
anniversaire

joyeux
anniversaire

joyeux
anniversaire

joyeux
anniversaire

joyeux
anniversaire

joyeux
anniversaire

joyeux
anniversaire

joyeux
anniversaire

joyeux
anniversaire

joyeux
anniversaire

joyeux
anniversaire

joyeux
anniversaire

joyeux anniversaire

joyeux
anniversaire

joyeux
anniversaire

joyeux anniversaire

joyeux anniversaire

joyeux
anniversaire

joyeux
anniversaire

joyeux
anniversaire

joyeux
anniversaire

joyeux
anniversaire

joyeux
anniversaire

joyeux anniversaire

joyeux
anniversaire

joyeux
anniversaire

joyeux
anniversaire

joyeux
anniversaire

joyeux
anniversaire

joyeux
anniversaire

joyeux
anniversaire

joyeux
anniversaire

joyeux anniversaire

joyeux
anniversaire

joyeux anniversaire

joyeux
anniversaire

joyeux anniversaire

joyeux
anniversaire

joyeux
anniversaire

joyeux anniversaire

joyeux
anniversaire

joyeux
anniversaire

joyeux anniversaire

joyeux anniversaire

joyeux
anniversaire

joyeux
anniversaire

joyeux anniversaire

joyeux
anniversaire

joyeux
anniversaire

joyeux
anniversaire

joyeux
anniversaire

joyeux
anniversaire

joyeux anniversaire

joyeux
anniversaire

joyeux
anniversaire

joyeux anniversaire

joyeux
anniversaire

joyeux
anniversaire

joyeux
anniversaire

joyeux
anniversaire

joyeux
anniversaire

joyeux
anniversaire

joyeux
anniversaire

joyeux
anniversaire

joyeux
anniversaire

joyeux
anniversaire

joyeux
anniversaire

joyeux
anniversaire

joyeux
anniversaire

joyeux anniversaire

joyeux
anniversaire

joyeux
anniversaire

joyeux
anniversaire

joyeux
anniversaire

joyeux
anniversaire

joyeux anniversaire

joyeux
anniversaire

joyeux
anniversaire

joyeux
anniversaire

joyeux
anniversaire

joyeux anniversaire

joyeux
anniversaire

joyeux anniversaire

joyeux
anniversaire

joyeux anniversaire

joyeux anniversaire

joyeux
anniversaire

joyeux
anniversaire

joyeux
anniversaire

joyeux
anniversaire

joyeux
anniversaire

joyeux
anniversaire

joyeux
anniversaire

joyeux anniversaire

joyeux anniversaire

joyeux
anniversaire

joyeux
anniversaire

joyeux
anniversaire

joyeux anniversaire

joyeux
anniversaire

joyeux
anniversaire

joyeux
anniversaire